PARAMAHANSA YOGANANDA

(1893 – 1952)

TEADUSLIKUD
TERVENDAMISE
JAATUSED

Keskendumise teooria ja praktika

autor

PARAMAHANSA
YOGANANDA

Teaduslik keskendumise ja jaatuste praktika keha, mõistuse ja hinge ebakõlade ravimiseks juurdlemise, tahte, tunde ja palvega

Self-Realization Fellowship
FOUNDED 1920
Paramahansa Yogananda

Los Angeleses (Californias) asuva Self-Realization Fellowshipi
antud raamatu originaali tiitel inglise keeles:
Scientific Healing Affirmations

ISBN-13: 978-0-87612-144-3
ISBN-10: 0-87612-144-X

Tõlge eesti keeled: Self-Realization Fellowship
Copyright © 2015 Self-Realization Fellowship

Esimene eestikeelne väljalase: Self-Realization Fellowship, 2015
First edition in Estonian from Self-Realization Fellowship, 2015

ISBN -13: 978-0-87612-713-1
ISBN-10: 0-87612-713-8

1313-J2781

Pühendatud minu gurudevale,
gnjaana-avataara svaami Sri Yukteswarile
armastuse, austuse
ja pühendumisega

ॐ

Sellest raamatust

Kui Paramahansa Yogananda enam kui seitsekümmend aastat tagasi raamatus *„Teaduslikud tervendamise jaatused"* esitatud printsiipe ja tehnikaid esimest korda tutvustas, olid teemakohased avastused koos käibeväljendiga „mõistuse/keha tervendamine" veel kümnete aastate kaugusel. Kõigil neil aastail on see teedrajav töö õpetanud sadadele tuhandetele lugejatele ligipääsu igas inimolevuses peituvatele erilistele tervendamisvägedele ja nende kasutamisele. Nüüd on need oskused leidnud tee peavoolu meditsiini psüühikat, psühholoogiat, neuroloogiat ja vaimsust ühendava vaatenurga kaudu.

1924. aastal Portlandis Oregoni osariigis toimunud loengute seeria ajal andis Paramahansa Yogananda esimest korda avalikkusele oma õpetused jaatuse ja jumaliku tervendamise teaduse teemal. Sellest saati iseloomustavad palvejaatused koos nende toimimist selgitavate teaduslike ja vaimsete printsiipide köitvate seletustega paljusid tema loenguid ning joogafilosoofia- ja meditatsioonitunde, mida tähtsamates suurlinnades üle terve Ameerika Ühendriikide kogunes kuulama saalitäis rahvast. 1927. aasta 17. jaanuari *Washington Posti* artikkel kirjeldas üht säärast sündmust:

„Enam kui 5000 inimest, mõned neist kohalikud tähtsad tegelased, ühinesid eelmisel õhtul Washingtoni auditooriumis teadusliku tervendamise praktika aeglase kõlava skandeerimise rituaaliga, mida viis läbi India õpetaja, metafüüsik ja psühholoog, mitme siinmail asuva Yogoda keskuse asutaja svaami Yogananda."

„Aeglane loits lõppes mitme pikaldase „Mina Olen Tervik, sest Sina oled Minus" ja enam kui minuti kestnud sõnaga OM ..."

„Svaami selgitas, et tervendamise vägi tõmmati ligi keskendumise, pühendumise ning jaatusse uskumisega Kosmilisest Vaimust ehk Jumalast ja kanti kuulajaskonnale üle võnkuva heli sõiduvahendil, kus heli tema kinnituse kohaselt põhjustas keharakkudes keemilise muutuse ja ajurakkude uue korralduse, kui muidugi võnkuvate lainete saaja keskendus õigesti ja oli eelnevalt pühendumusest küllastunud."

„Sinu usk tegi sind terveks." Paramahansa Yogananda tsiteeris tihti neid Jeesus Kristuse sõnu, viidates sellele, et inimese sisemine vastuvõtlikkus on tervenemise toimumiseks eluliselt tähtis. 1926. aasta 16. oktoobri *Cincinnati Enquirer* tsiteeris autori enda sõnu jaatuse ja skandeerimise tervendavast väest:

„Alustasin ilma eelneva harjutamiseta skandeerimist New Yorgi *Carnegie Halli* 3000 inimesega treenimata kuulajaskonna ja umbes samasuguse rahvahulga ees Pittsburghi *Soldier' Memory Hallis* ning palusin kuulajaskonnal seda minuga koos teha. Oma skandeerimiste ning jaatuste kestel palun ma kuulajaskonnal lõdvestuda ja skandeerida arusaamisega tervise-, külluśliku õitsengu ja vaimse teostumise jaatusi ..."

„Hääldades eriliselt Veedade mantraid, on India pühakud muistsest ajast saadik olnud teadlikud valitud nootide õhku võnkuma löömise kunstist, mis toimib Jumala vaikse tervendava väe ja kosmilise energia äratajana ja aitab kiiresti leevendada haigust, kurbust ja vaesust."

Veidi aega peale seda, kui Paramahansa Yogananda alustas ülalkirjeldatud avalikke esinemisi, avaldas tema asutatud ühing *„Teaduslikud tervendamise jaatused"* ning on hoidnud seda raamatut sellest ajast saadik trükituna ka saadaval. Aastatega on Self-Realization Fellowship raamatut mitmes järjestikuses väljaandes avardanud ja lisanud sinna Sri Yogananda hilisemates esinemistes ja õppetundides tutvustatud afirmatsioone (jaatusi). 1930. ja 1940. aastate kestel oli suurel õpetajal tavaks avada või lõpetada Self-Realization Fellowshipi templites toimunud inspireerivad teenistused juhtides kohalolijad tervendamise-, tahtejõu äratamise- või Jumala kohaloleku tajumise jaatusse.

See raamat ning ka kõik teised Paramahansa Yogananda tööd esindavad kirjastamise maailmas haruldast fenomeni: see on raamat, mille populaarsus ei lennanud tippu ja ei maandunud paari aasta jooksul peale selle ilmumist, vaid selle tugevale alusele rajatud veetlus on aastakümnete kestel järjekindlalt suurenenud.

Nüüd avastab juba uus põlvkond seda klassikalist imelise *praana* ehk eluenergiaga tervendamise juhist. Viimane ei ole mitte ainult kõrgemate muistsete tsivilisatsioonide tervendamisteaduste põhiolemuseks, vaid ka tuleviku mõistuse-keha ravimiks.

Self-Realization Fellowship

SISUKORD

I OSA
TERVENDAMISE TEOORIA

TERVENDAMISE TEOORIA

1
MIKS JAATUSED TÖÖTAVAD

つつ

Inimese sõna on temas olev vaim. Välja öeldud sõnad on väestatud mõtete võngetega. Mõtted on võnked, mida saadavad välja kas ego või hing. Iga teie poolt kuuldavale toodud sõna peaks olema väestatud hinge võnkega. Inimese sõnad on elutud, kui ta ei suuda neid immutada vaimse väega. Jutukus, liialdamine või vale muudab teie sõnad mängupüstoli paberkuulide sarnaselt võimetuks. Lobisemishimuliste või lohakate inimeste kõne ja palved ei suuda asjade kulgu mõjutada. Inimese sõnad peaksid väljendama mitte ainult tõde, vaid ka tema selget arusaamist või teostumist. Kõne ilma hingejõuta on nagu teradeta sõklad.

INIMESE SÕNA VAIMNE VÄGI

Siiruse, veendumuse, usu ja intuitsiooniga küllastatud sõnad on nagu võimsad plahvatavad võnkepommid, mis väljaöelduna raputavad raskuste kaljusid ja toovad kaasa soovitud muutusi. Vältige ebameeldivate sõnade rääkimist, isegi kui need kajastavad tõde. Mõistmise, tunnetuse ja tahtega korratud siirad jaatuse sõnad liigutavad kindlalt Kõikjalolevat Kosmilist Võnkejõudu, et osutada teile teie raskustes abi. Pöörduge selle väe poole mõõtmatu usaldusega, heites kõrvale kõik kahtlused — muidu lendab teie püüdluse nool sihtmärgist mööda. Peale seda, kui olete külvanud Kosmilise Teadvuse mullapinda oma võnkuva palveseemne, ärge tirige seda sealt tihti välja, et vaadata, kas ta on või ei ole idanema hakanud. Andke jumalikule väele võimalus katkematult töötada.

JUMALALT INIMESELE ANTUD VÄGI

Miski ei ole suurem kui Kosmiline Teadvus ehk Jumal. Tema vägi ületab kaugelt inimmõistuse. Otsige vaid Tema abi. Kuid see nõuanne ei tähenda, et te

peaksite ise jääma passiivseks, inertseks või kergeusk-
likuks või et te peaksite kuidagi piirama oma mõistuse
väge. Issand aitab neid, kes aitavad iseend. Ta andis
teile kehalistest ja mentaalsetest hädadest vabanemiseks
tahtejõu, keskendumise, usu, arutlusvõime ja terve
mõistuse – Tema poole pöördudes peaksite kasutama
kõiki neid võimeid.

Kui te lausute palveid või afirmatsioone, uskuge
alati, et te kasutate enese või teiste aitamiseks nimelt
iseenda võimeid, mis on teile Jumala poolt antud. Paluge
Tema abi, kuid mõistke, et Tema armastatud lapsena
kasutategi te ise Tema tahte-, tunde- ja arutlusvõime
kingitusi kõigi raskete eluprobleemide lahendamisel.
Keskaegse täielikult Jumalast sõltumise ja tänapäevase
egole toetumise ideede vahel tuleb saavutada tasakaal.

Tahte, tunde ja juurdlemise kasutamine

Kui inimene kasutab erinevaid jaatusi, peaks
tema mõistuse hoiak teisenema. Näiteks peaks tahet
väljendavate jaatustega kaasas käima kindel otsus-
tusvõime, emotsionaalsete jaatustega pühendu-
mine, arutlevate jaatustega selge arusaamine. Kui te

tervendate teisi, siis valige afirmatsioon, mis sobib teie patsiendi püüdleva, loomingulise, emotsionaalse või mõtliku temperamendiga. Kõigi jaatuste puhul käib kõige ees intensiivne püüdlus, kuid samuti on tähtis jätkuvus ja kordamine. Täitke oma jaatused läbinisti pühendumise, tahte ja usuga, lausuge neid intensiivselt ja korduvalt, tulemustele mõtlemata – need ilmnevad teie töö viljadena loomulikul moel.

Füüsilise tervendamise protsessi käigus pole vaja oma tähelepanu suunata haigusele, et mitte vähendada oma usku – vaid mõistuse mõõtmatule võimekusele. Hirmu, viha, halbade harjumuste ja muu ületamisel peaks keskendumine olema suunatud vastupidisele omadusele – st hirmu ravimiks on vaprus, viha puhul rahu, nõrkuse puhul tugevus, haiguse puhul tervis.

VASTUTUS KROONILISTE HAIGUSTE EEST

Püüdes end tervendada, keskendub inimene tihti rohkem haiguse süvenemisele kui tervenemise võimalusele, lubades haigusel seeläbi püsida nii mentaalsel kui ka füüsilisel kujul. See on sageli tõsi närvilisuse korral. Iga depressiivne, õnnelik, ärritav või rahulik mõte lõikab ajurakkudesse imepeene vao ja tugevdab kalduvust haiguse või heaolu suunas.

Alateadlik harjumus keskenduda haigusele või tervisele avaldab tugevat mõju. Kangekaelsetel mentaalsetel või füüsilistel haigustel on alati sügavad juured alateadvuses. Haiguse saab välja ravida tema nähtamatuid juuri välja tõmmates. Selleks, et alateadvusse imbuda, peaksid kõik tavateadvusliku mõistuse jaatused olema *piisavalt muljetavaldavad*. Tugevad teadlikud jaatused toimivad nii mõistusele kui kehale alateadvuse kaudu. Veelgi tugevamad afirmatsioonid jõuavad mitte ainult alateadvusse, vaid ka üliteadvusliku mõistuse tasandile – imeliste võimete maagilisse varakambrisse.

Tõde tuleb deklareerida tahtega, vabalt, arukalt ja pühendunult. Inimene ei tohi lubada tähelepanul hälbida. Ekslev tähelepanu tuleb nagu kadunud poeg aina ja uuesti tagasi tuua ja õpetada taile korduvalt antud ülesande täitmist.

Vajalikud on tähelepanu ja usk

Selleks, et jõuda üliteadvusse, peavad kõik jaatused olema vabad ebamäärasusest ja kahtlusest. Tähelepanu

7

ja usu valgus juhib isegi puudulikult esitatud jaatused mõistuse alateadvuslikule ja üliteadvuslikule tasandile.

Kannatlikkus ning osavõtlik ja arukas kordamine teevad imet. Krooniliste mentaalsete või kehaliste hädade raviks mõeldud jaatusi tuleb tihti, põhjalikult ja katkematult korrata (eirates täiesti muutumatut või vastupidist seisundit, kui see eksisteerib), kuni need saavad inimese põhjapanevate intuitiivsete veendumuste osaks. Kui surm peab tulema, siis on parem surra veendumusega täiuslikust tervisest, kui mõttega, et mentaalne või füüsiline tervisehäda on ravimatu.

Kuigi surm võib olla tänaste inimteadmiste kohaselt kehale vajalikuks lõpuks, võib seda „määratud tundi" hingejõu abiga siiski muuta.

2

TERVENDAV ELUENERGIA

〜

Issand Jeesus ütles: „Inimene ei ela üksnes leivast, vaid igast sõnast, mis lähtub Jumala suust."[1]

„Sõna" on eluenergia ehk kosmiline võnkuv energia. „Jumala suu" on *medulla oblongata* aju tagaosas, mis aheneb selgrooks. See inimese kõige elutähtsam kehaosa on sissepääsuks („Jumala suuks")„sõnale" ehk inimest toitvale jaülal hoidvale eluenergiale.

Hindu ja kristlikes pühakirjades kutsutakse sõna vastavalt *OM* või *Aamen*.

Vaid see Täuslik Vägi üksinda tervendab − kõik

---

1 Matteuse 4:4.Vt Johannese 1:1, „Alguses oli Sõna ja Sõna oli Jumala juures ja Sõna oli Jumal."

välised stimulatsioonimeetodid vaid teevad eluenergiaga koostööd ja on selleta väärtusetud.

TEMPERAMENDILE VASTAV RAVI

Ravimid, massaaž, selja korrigeerimine või elektriravi võivad aidata taastada rakkude harmoonilist seisundit – muuta vere keemilist koostist või mõjutada seda füsioloogiliselt. Need on välised meetodid, mis teinekord eluenergiat tervendamisel aitavad, kuid neil puudub vägi toimida surnud kehale, millest eluenergia on lahkunud.

Kujutlusvõimet, juurdlemist, usku, emotsiooni, tahet või pingutust võib kasutada lähtuvalt indiviidi loomusest, mis võib olla valdavalt loominguline, intellektuaalne, emotsionaalne, tahtejõuline või püüdlik. Vaid vähesed inimesed teavad seda. Coué rõhutas enesesisenduse väärtust[2], kuid intellektuaalset tüüpi inimene ei allu sisendusele – teda rahuldab vaid metafüüsiline arutelu

2 Coué'i psühhoteraapia rajanes pigem kujutlusvõimel kui tahtejõul. Ta kasutas hästi tuntud valemeid, näiteks: „Iga päevaga ja igal moel on mul ühe parem ja parem." Seda tuli korrata aina ja uuesti ajal, mil mõistus oli vastuvõtlikus seisundis. Ta lähtus teooriast, mis oletas, et nood sisendused vajuvad alateadvusse ja elimineerivad häda ja haigusi põhjustavad ideed.

teadvuse väest keha üle. Ta veenab oma teadvust loogika abil, kus vahelduvad sõnad „miks" ja „seetõttu". Kui ta näiteks saab aru, et ville võib tekitada ka hüpnoosi teel, nagu William James oma teoses „*Principles of Psychology*" välja toob, võib ta analoogselt käsitada mõistuse rolli haiguste ravimisel. Kui mõtlemine võib põhjustada tervise halvenemist, siis saab see samal moel tuua ka hea tervise. Mõistuse vägi on arendanud välja erinevad kehaosad – mõistus jälgib keharakkude tootmist ja suudab neid ellu äratada.

Samuti ei saa enesesisendustest abi inimene, keda iseloomustab tugev tahtejõud. Teda saab tema hädast terveks ravida stimuleerides jaatuse abil tema tahet, mitte kujutlusvõimet. Enesesisendamine on kasulik emotsionaalse temperamendiga inimesele.

EMOTSIOONI JA TAHTE VÄGI

On üles tähendatud ühe kõnevõime kaotanud emotsionaalse isiku juhtum, kes sai selle tagasi põgenedes põlevast hoonest. Äkiline leekide nägemisest põhjustatud šokk pani ta hüüdma „Tuli lahti, tuli lahti!" – unustades, et senimaani oli ta võimetu rääkima. Tugev emotsioon alistas alateadvusliku haiguseharjumuse. See lugu iseloomustab pingelise keskendumise tervendavat väge.

Oma esimese aurikureisi ajal Indiast Tseilonile rabas mind järsku merehaiguse needus ja minu sisikond pöörati pahupidi. See läbielamine oli talumatu ning tabas mind hetkel, kui nautisin esimest korda, mis tähendab olla hõljuvas ruumis (kajutis) ja vaadelda ujuvat küla. Otsustasin, et taolisel iiveldamisel olgu lõpp. Tõstsin oma jala, asetasin selle kindlalt kajuti põrandale ja käsutasin oma tahet, et ta mitte kunagi enam ei võtaks omaks merehaiguse kogemust.

Hiljem, olles kuu aega merel, et sõita tagasi Jaapanisse ja Indiasse, seejärel viiskümmend päeva Kalkutast Bostonisse ja kakskümmend kuus päeva Seattle'st Alaskasse ning tagasi – ei olnud ma kunagi enam merehaige.

ELUENERGIA ERGUTAMINE

Tahte, kujutlusvõime, juurdlemise või emotsionaalse tundelaenguga ei kaasne iseenesest kehalist tervenemist. Need toimivad vaid vahenditena, mis võivad olenevalt inimese temperamendi tüübist stimuleerida eluenergiat tervisehäda välja ravima. Kui käe halvatuse puhul mõjutada pidevalt oma tahet või kujutlusvõimet, võib eluenergia tormata äkitselt haigetesse närvirakkudesse ja käe tervendada.

Jaatuste kordamine peaks olema kindel ja katkematu, et tagada piisav tahtejõud, veendumus või emotsioon, mis mõjutab omakorda passiivset eluenergiat ja suunab selle tavapärastesse elujõu kulgemise kanalitesse. Inimene ei tohiks kunagi alahinnata *korratud, aina süvenevate* pingutuste tähtsust.

Mulda istutamisel sõltub edu kahest faktorist: seemne väest ja mulla sobivusest. Samuti on haiguse ravis peamised tervendaja võime ja patsiendi vastuvõtlikkus.

„Vägi oli temast välja läinud" ja „Sinu usk on su päästnud"[3] —sellised Piibli ütlused näitavad, et vaja läheb nii tervendaja väge kui ka haige isiku usku.

Suured tervendajad ja jumaliku teostuse saavutanud inimesed ei ravi juhuslikult, vaid täpse teadmise abil. Mõistes täielikult eluenergia kontrollimist,

3 Markuse 5:30, 34.

projitseerivad nad stimuleeriva voo patsienti, mis harmoniseerib tema eluenergia voolamise. Tervendamise ajal näevad nad Looduse vaimset ja ainelist seaduspära haige inimese rakkudes töötamas ja tervist taastamas.

Vähema vaimse arengutasemega isikud on samuti võimelised end ja teisi tervendama – visualiseerima ja suunama eluenergia voo keha mõjustatud piirkonda.

Aset võivad leida hetkelised füüsilisest, mentaalsest ja vaimsest haigusest paranemised. Ajastute pimeduse saab hajutada hetkega mitte pimedust välja ajades, vaid valgust sisse lubades. Keegi ei saa öelda, millal ta terveks saab, seega ärge seadke täpset ajalimiiti. Mitte aeg ei otsusta, millal tervenemine aset leiab, vaid usk. Tulemused sõltuvad eluenergia õigest ärkamisest ja isiku teadvuse ja alateadvuse tasemest. Uskmatus seiskab eluenergia liikumise ja takistab selle jumaliku arsti, keha ülesehitaja ja meister-müüriladuja tööd.

Et saavutada küllaldast tervenemist esile kutsuvat ja eluenergiat automaatselt kannustavat usu-, tahtejõu või kujutlusvõime taset, on vaja pingutust ja tähelepanu. Tulemuste soovimine või ootus nõrgestavad tõelise usu jõudu. Ilma isikliku tahte ja usuta jääb eluenergia uinunud olekusse või kasutuks.

Kroonilise haiguse käes kannatava haige tahtejõu, usu või kujutlusvõime elustamiseks kulub palju aega, kuna haigusemõtted on tema ajurakkudesse peenelt uuristatud. Kuna harjumuseks muutunud haigusteadvuse kujundamiseks võib minna palju aega – siis samuti võib minna palju aega harjumusliku terviseteadvuse kujundamiseks.

Kui te jaatate, et „ma olen terve", aga mõtlete oma aju tagaosas, et see ei vasta tõele, siis on mõju samasugune, kui peale kasuliku ravimi võtmist võtate kohe sellele otsa neutraliseeriva rohu. Peaksite olema mõtte kasutamisel ravimina ettevaatlikud, et te ei neutraliseeriks õigeid mõtteid valede mõtetega. Selleks, et olla edukas ja aktiivne, peab mõte olema läbi immutatud sellise tahtejõuga, et ta suudab vastu seista kõigile vastupidistele mõtetele.

JAATUSE VÄGI ON TÕDE

Mõtteid tuleb õigesti mõista ja rakendada, enne kui need toimivad. Ideed sisenevad algselt inimmõistusse toorel ehk seedimata kujul. Need tuleb esmalt sügava sisevaatluse kaudu omastada. Kui mõtte taga

pole hingelist veendumust, ei oma see mingit väär-
tust. Seetõttu on inimestel, kes ei taipa tõde inimese
ja Jumala lahutamatust ühtsusest, jaatuste kasutamisel
kehvad tulemused ja nad kaebavad, et mõtetel ei ole
tervendavat väge.

3

KEHA, MÕISTUSE JA HINGE TERVENDAMINE

༄

Oma surelikus aspektis on inimene kolmel kujul esinev olevus. Ta januneb vabanemist kõigist erinevatest kannatustest. Tema vajadusteks on:

1. Kehalistest haigustest tervenemine.

2. Hirmust, vihast, halbadest harjumustest, ebaõnneteadvusest, initsiatiivi ja usalduse puudusest ning muudest mentaalsetest ja psühholoogilistest häiretest tervenemine.

3. Vabanemine ükskõiksusest, tarbetuse tundest, intellektuaalsest kõrkusest, dogmatismist ja skeptitsismist, ainult materiaalse rahulolu otsimisest ning eluseaduste

ja inimese enda jumalikkusest teadmatuses oleku vaimsetest haigustest.

On ülimalt tähtis, et ühesugust rõhku pandaks kõigi kolme haiguse ennetamisele ja ravile.

Enamiku inimeste tähelepanu on koondunud peamiselt kehalise ebakõla ravimisele, sest see on niivõrd käegakatsutav ja ilmne. Nad ei saa aru, et kõigi inimlike kannatuste tegelikeks põhjusteks on nende muretsemisest tingitud mentaalne häiritus, isekus ja muud säärased hädad ning nende vaimne pimedus inimelu jumaliku tähenduse osas.

Kui inimene on hävitanud sallimatuse, raevu ja viha bakterid ning on vabastanud oma hinge ignorantsuse küüsist, ei kannata ta enam kindlasti füüsiliste haiguste või mentaalse puudulikkuse käes.

KEHALISTE HAIGUSTE ÄRAHOIDMINE

Alludes Jumala füüsilistele seadustele, hoidume kehalistest haigustest.

Ärge sööge liiast. Enamik inimesi sureb ahnuse ja õigete söömisharjumuste mitteteadmise tõttu.

Kuuletuge jumalikele puhtuse hoidmise seadustele. Mõistuse hügieen on ülim kehalisest hügieenist, mis on samuti tähtis ja mida ei tohiks unarusse jätta. Samas ärge elage selliste jäikade reeglite järgi, et vähimgi kõrvalekaldumine teie tavapärastest harjumustest viib teid endast välja.

Ennetage kehas toimuvat allakäiku, koguge füüsilist energiat ja tehke eneseteostuse vennaskonna välja pakutud harjutusi, et varustada keha ammendamatu eluenergiaga.

Ennetage õige toitumisega arterite jäigastumist. Säästke südant ületöötamisest: hirm ja viha asetavad talle lisakoorma. Andke eneseteostuse meetodi abil südamele puhkust ja viljelege rahulikku mõistuse hoiakut.

Kui kaks südamevatsakest pumpavad iga südamelöögiga edasi neli untsi verd (227 g), siis minutis teeb see ringipumbatud vere kaaluks 8,2 kilogrammi. Päevas teeb see kaksteist tonni, aastas neli tuhat tonni. Need numbrid peegeldavad enneolematut tööd, mis südamel teha tuleb.

Paljud inimesed usuvad, et süda puhkab oma

diastoolses lõõgastumise perioodis, mida on ööpäevas kokku üheksa tundi. See ajaperiood ei ole aga tõeline puhkus. See on vaid ettevalmistus südamelöökideks.

Südamevatsakeste kokkutõmbumistest põhjustatud võnkumisega mõjutatakse südamekudesid. Seega ei puhka süda üldse.

Päeval ja öösel kulutatud energia kulutab loomulikult ka südamelihaseid. Nendele lihastele puhkuse andmine on tervise hoidmise seisukohalt suure tähendusega. Teadlik une kontrollimine, tahtega uinumine ja ärkamine on osaks joogatreeningust, mille abil võib inimene oma südamelööke reguleerida. Surma üle saadakse kontroll, kui inimene hakkab teadlikult suunama südames toimuvat liikumist. Puhkuse ja unega uuendatud energia on ainult kahvatuks peegelduseks imelisest „teadliku magamise" abil saadud rahust ja väest – siis puhkab isegi süda.

Paulus ütles oma esimese korintlaste kirja piiblisalmis 15:31: „Ma suren iga päev, nii tõesti kui teie, vennad, olete mu kiitlemine, mis mul on Kristuses Jeesuses, meie Issandas" – see tähendab, et Kristuse Teadvusest tulev püha rahu laseb südamel puhata või peatuda. Paljud piibli lõigud avaldavad, et muistsed prohvetid teadsid suurt tõde südame puhkamisest teadusliku meditatsiooni või sihi-kindla Jumalale suunatud pühendumise abil.

Pandžabi Maharadža Ranjit Singhi korraldusel maeti 1837. aastal Indias eksperimendi mõttes maa alla sadhu Haridasi nime kandev tuntud fakiir. Joogi jäi pideva sõjaväelise valve all seintega piiratud alal järjepidevalt maa alla maetuks neljakümneks päevaks. Peale seda kaevati ta paljude õukonnategelaste ning Londonist saabunud kolonel Sir C. M. Wade'i ja mitme teise läheduses elanud inglase juuresolekul välja. Sadhu Haridas taastas hingamise ja normaalse elutegevuse. Džammus Kašmiiris radža Dhyan Singhi teostatud varasema katse puhul jäi sadhu Haridas maa alla mae-tuks nelja kuu vältel. Ta oli omandanud oma südame kontrollimise ja puhkamise kunsti.

MENTAALSETE HAIGUSTE ÄRAHOIDMINE

Viljelege rahu ja usku Jumalasse. Vabastage mõistus kõigist häirivatest mõtetest ja täitke see armastuse ja rahuga. Mõistke mentaalse tervendamise ülimuslikkust kehalise tervendamise üle. Peletage minema halvad harjumused, mis muudavad elu haletsusväärseks.

VAIMSETE HAIGUSTE ÄRAHOIDMINE

Vaimsustage keha, hävitades teadvuses pesitsevad arusaamad surelikkusest ja muutustest. Keha on materialiseerunud võnkumine ja teda tuleb sellisena ka mõista. Haiguse, lagunemise ja surma teadvus tuleb asendada kõige aluseks olevate mateeriat ja Vaimu ühendavate seaduste ja Vaimu kui mateeria teadusliku mõistmisega. Uskuge kindlalt, et olete loodud Isa näo järgi ning olete seetõttu surematu ja täiuslik.

Isegi aineosake või energialaine on hävimatu ning nagu teadus on tõestanud, on hävimatu ka hing ehk vaimne olemus või alge. Kui mateeria läbib muutuseid, läbib hing muutvaid kogemusi. Radikaalseks muutuseks peetakse surma, kuid surm ehk muutus ei muuda ega hävita vaimset alget.

Ehkki õpetatakse erinevaid keskendumise ja mediteerimise viise, on kõige mõjusamaks meetodiks oma püüdluste elluviimine.

Rakendage keskendumise ja meditatsiooni kaudu saadud rahu ja tasakaal oma igapäevaellu. Säilitage oma tasakaal keset proovilepanevaid olusid. Ärge alistuge vägivaldsetele emotsioonidele – olge vankumatud ka ebasoodsa sündmuste arengu puhul.

RAVIMEETODITE HINDAMINE

Tavaliselt peetakse haigust väliste materiaalsete mõjutuste tagajärjeks. Vähesed inimesed mõistavad, et see on ajendatud sisemise elujõu tegevusetusest. Kui rakk ehk eluenergia transpordivahend koes on tõsiselt viga saanud, tõmbub eluenergia sellest kohast tagasi ja algavadki hädad. Ravi, massaaž ja elektriravi mõjutavad rakke, ärgitades eluenergiat tagasi pöörduma ning oma hooldus- ja parandustööd taastama.

Me ei tohiks minna äärmustesse, vaid peaksime omaks võtma mistahes isikliku veendumusega sobituvad tervendamismeetodid. Ravimid ja toit avaldavad kindlat keemilist toimet verele ja kudedele. Need on kasulikud nii kaua, kui inimese jaoks on ülimaks materiaalne teadvus. Neil on omad piirangud, sest need on välised abivahendid. Parimad meetodid on need, mis aitavad eluenergial taastada sisemist tervendamist.

Ravim võib mõjutada verd ja kudesid keemiliselt.

Elektriravi kasutamine võib samuti olla kasulik. Kuid kumbki, ei ravimid ega elekter, ei ravi haigust välja – need üksnes võivad mõjutada või meelitada eluenergia tagasi unarusse jäetud kehaosasse. Võõrelemendid – olgu selleks siis ravimid, elekter või mõni teine vahendav abimeetod, on ebasoovitavad, kui me saame kasutada tervendamiseks eluenergiat.

JUMALA SEADUSED MATEERIA KOHTA

Salvid võivad olla kasulikud sügeluste, põletike, lõikehaavade ja muu korral. Kui teie käe- või jalaluu on murdunud, siis pole vaja sundida eluenergiat luid taasühendama. Need võib paika panna kirurg (Jumala laps ja seega võimeline teenima Tema tööriistana), kes kasutab oma oskuseid ja teadmisi mateeria seadustest. Kui te suudate mentaalse väe abil hetkega tervendada oma murtud luid, siis tehke seda, aga oleks rumal oodata, kuni te selle väe omandate.

Paastu, massaaži, osteopaatia, kiropraktilise selgroo väänamise, jooga asendite ja muude meetodite abil võime me kõrvaldada või vähendada ummistusi närvides või selgroos ning lubada eluenergial taas vabalt voolata.

ELUENERGIA ÜLE VÄE OMANDAMINE

Kõigi füüsiliste ravimeetodite kõrval on ülimaks mentaalne ravi, sest tahe, kujutlusvõime ja juurdlemine on teadvuse seisundid, mis toimivad sisemiselt. Need tugevdavad omakorda motivatsiooni, mis mõjutab eluenergiat ja suunab selle teostama konkreetseid ülesandeid.

Autosugestioon ja erinevad jaatused on eluenergia stimuleerimiseks kasulikud, aga kui praktiseerija kasutab neid mentaalseid meetodeid ilma eluenergiaga teadlikult töötamata, ebaõnnestub tal ühenduse saavutamine oma füsioloogiaga. Tervenemine on kindel, kui kombineerida omavahel erinevad psühhofüüsilised tehnikad, suunata eluenergiat ja mõjutada üliteadvust tahtejõu, usu ja arutlusega. Sellises õnnistatud Tegelikkuse seisundis hoomab inimene mateeria ja Vaimu lahutamatut ühtsust ja lahendab kõik ebakõlad.

Suunamaks võnkuvat eluenergiat ükskõik millisesse kehaosse, annavad eneseteostuse õpetused meile oma tahte rakendamiseks *modus operandi* (tegutsemisviisi). Selle meetodi abil tunneb inimene kindlalt enda sees kosmilise võnkuva väe voolamist.

4
LOOMISE OLEMUS

～

Mateeria ei eksisteeri sellisel viisil nagu me seda tavaliselt tajume, see on kosmiline eksikujutlus. Eksikujutluse hajutamiseks läheb vaja kindlat meetodit. Te ei saa narkosõltlast hetkega terveks ravida. Materiaalne teadvus vaatleb inimest läbi eksikujutluse prillide ega saa neist lahti muidu, kui õpib tundma ja järgib vastupidist – st tõe seadust.

Vaim sai mateeriaks läbides materialiseerumisprotsesside seeria – seega tuleneb mateeria Vaimust ega saa olla sellest erinev. Mateeria on Vaimu osaline väljendus, mõõdetavana ilmuv Mõõtmatu, piiratuna ilmuv Piiramatu. Aga kuna mateeria on ainult Vaimu eksikujutuslik ilmutus, ei olegi mateeriat kui sellist olemas.

TEADVUS JA MATEERIA

Loomise alguses projitseeris seni ilmutamatu Vaim kaks olemust – teadvuse ja mateeria. Need on Tema kaks võnkuvat väljendust. Teadvus on kõikeületava Vaimu peenem ja mateeria jämedam võnge.

Teadvus väljendab Tema subjektiivset ja mateeria objektiivset aspekti. Kosmilise Teadvusena esineva Vaimu potentsiaal eksisteerib objektiivselt võnkuvas mateerias ja ilmutab End subjektiivselt kõigis loomise vormides oleva teadvusena, jõudes kõrgeima väljenduseni inimmõistuses tema lugematute mõtete, tunnete, tahte ja kujutlusvõime hargnemistes.

Mateeria ja Vaimu erinevus seisneb võnkesageduses – selle tasemes, mitte liigis. Seda on parem mõista järgmise näite varal. Kuigi kõik võnkesagedused on kvalitatiivselt sarnased, on 16-20 000 võnget sekundis piisav, et olla inimesele kuuldav, samas heli alla 16 ja üle 20 000 hertsi pole enam inimkõrvale kuuldav. Kuuldavatel ja kuuldamatutel võngetel ei ole põhiolemuslikku erinevust, erinevus on suhteline.

Maaja ehk kosmilise illusiooni väe abil pani Looja mateeria ilmutused näima niivõrd üksteisest erinevate ja spetsiifilistena, et inimmõistusele ei tundu need mingil viisil Vaimuga seotud olevat.

MÕTE ON PEENIM VÕNGE

Jämedas võnkes ihu läbib kosmilise energia ehk eluenergia peen võnge ja mõlemat, nii ihu kui eluenergiat läbib peenim, teadvuse võnge.

Teadvuse võnked on nii peened, et neid ei saa uurida ühegi materiaalse vahendiga – vaid teadvus ise võib teadvust ette kujutada. Inimolevused on teadlikud müriaadidest teadvusevõngetest, mis lähtuvad teistelt inimolevustelt – väljendatuna sõna, teo, pilgu, žesti, vaikuse ja hoiaku kaudu.

Iga inimene vormub iseenda teadvuse seisunditest ja avaldab isikutele ja asjadele iseloomulikku mõju. Näiteks on inimese eluruum täidetud tema mõttevõngetega. Neid võivad tajuda teised inimesed, kui neil on vajalik tunnetuse tase.

Inimese ego (tema mina-tunne, suremamatu hinge moonutatud surelik peegeldus) on otseselt teadlik teadvusest, samas mateeriast (inimkehast ja teistest loodud olenditest ja asjadest) on ta teadlik kaudselt – mentaalsete protsesside ja meeltega tajumise kaudu. Seeläbi on ego alati teadlik teadvusest, kuid ta ei ole teadlik mateeriast, isegi mitte kehast, kus ta paikneb, enne kui ta sellest mõtlema hakkab. Seega on sügavalt keskendunud inimene teadlik oma mõistusest, aga mitte oma kehast.

INIMESE KOGEMUSED UNESEISUNDIS

Kõiki inimese ärkveloleku seisundi kogemusi saab kopeerida tema teadvuse uneseisundis. Uneseisundis võib inimene leida end jalutamas rõõmsalt mööda kaunist aeda ja näha siis sõbra surnukeha. Ta on murest murtud, valab pisaraid, kannatab peavalu käes ja tunneb, kuidas ta süda valusasti lööb. Teinekord hakkab ootamatult möllama äikesetorm ja inimene saab märjaks ning külmetab. Siis ärkab ta üles ja naerab oma illusoorse unenäokogemuse üle.

Mis vahe on uneseisundi (tema enda- ja ta sõbra keha, aia ja muu sellise mateeriana tajumise ja rõõmu ning kurbusena kuvatud *teadvuse* kogemuste) ja sama inimese ärkveloleva seisundi vahel? Teadlikkus mateeriast ja teadvusest on olemas mõlemal juhul.

Inimene on võimeline looma illusoorses

unenäomaailmas mateeriat ja teadvust – seetõttu ei tohiks tal olla keeruline mõista, et *maajat*, pettekujutlust kasutav Vaim on inimese jaoks loonud „elava" ehk teadvustatud olemasolu unenäomaailma, mis on oma olemuselt juba vale (olles näiv, alati muutuv), sarnanedes inimese kogemustele unenäo vallas.

MAAJA EHK KOSMILINE ILLUSIOON

Näiv maailm toimib *maaja* ehk duaalsuse või vastandlike seisundite mõju all – see on ebareaalne maailm, mis peidab tõde Jumalikust Üksolemisest ja Muutumatusest. Oma surelikus aspektis mõtleb inimene kahesustest – elust ja surmast, tervisest ja haigusest, õnnest ja kurbusest, aga kui ta ärkab oma hingeteadvusesse, siis kaovad kõik duaalsused ja ta teab iseennast kui igavest ja õndsuslikku Vaimu.

EKSIVA INIMKONNA VAJADUSED

Eksiva inimkonna jaoks on oluline nii arstiabi kui mentaalne abi. Mõistuse ülimuslikkus materiaalse suhtes on vaieldamatu, kuid toidu, taimede ja rohtude märksa piiratum tervendav vägi on samuti ümberlükkamatu. Mentaalsete meetodite kasutamisel ei ole vaja sugugi suhtuda põlastusega erinevatesse füüsilise ravi süsteemidesse, sest need on loodud Jumala materiaalsete seaduste uurimise tulemusel.

Nii kaua kuni eksisteerib inimese materiaalne kehateadvus, ei ole vaja ravimitest tervikuna loobuda, aga niipea kui ta suurendab oma arusaamist ihu mittemateriaalsest algupärast, kaob ka tema usk ravimite tervendavasse jõusse: ta näeb, et kõigi haiguste juured asuvad mõistuses.

„TARKUS ON SUURIM PUHASTAJA"

Minu meister svaami Sri Yukteswar ei kõnelenud kunagi ravimite kasutamisest. Ta treenis ja avardas paljude oma õpilaste teadvust nii, et nad kasutasid haiguste puhul vaid mentaalset väge. Ta ütles tihti: „Tarkus on suurim puhastaja."

Mõned isikud nii idas kui läänes eitavad fanaatiliselt mateeriat – omati tunnevad nad ühe toidukorra vahelejäämisel juba nälga.

Eneseteostuse seisund, kus nii keha kui mõistus, surm ja elu, haigus ja tervis paistavad võrdselt ekslikena, on ainus seisund, milles me võime tõeliselt öelda, et me ei usu mateeria olemasolu.

Inim- ja jumalik teadvus

Inimteadvus on isoleeritud Kosmilisest Teadvusest maaja ning sellest tuleneva inimese hinge ignorantsuse tõttu. Inimmõistus allub muutustele ja piirangutele, kuid Kosmiline Teadvus on vaba kõigist piiranguist ega ole kunagi kaasatud duaalsuste (elu ja surm, haigus ja tervis jne) kogemisse. Muutumatu Õndsuse tajumine on Jumalikus Mõistuses alati olemas.

Inimteadvuse vabastamise protsess kujutab endast tähelepanu kõrvale juhtimist jämeda keha võngetelt ning pidevalt mõtete ja emotsioonide lainetuselt. Samuti on võimalik treenida teadvust õppimise, jaatuste, keskendumise ja meditatsiooni abil, et tunnetada eluenergia ja mentaalsete tasandite peenemaid ja palju stabiilsemaid võnkeid.

Toetuge sisemisele jumalikule väele

Tugeva materiaalse teadvusega isikuid, kes on

harjunud mõtlema „endast" kui füüsilisest kehast, tuleb järkjärgult juhatada eemale ravimite sõltuvusest ja muudest välistest abivahenditest ning õpetada toetuma enam ja enam sisemisele Jumalikule Väele.

II OSA

PRAKTISEERIMISE MEETOD

5

JAATUSTE TEHNIKA

REEGLID

1. Istuge näoga põhja- või idasuunas. Eelistatud on sirge käsitugedeta ja villase kangaga kaetud tool. Kangas isoleerib mõistuse materiaalsete tajude külge siduvatest maa magnetjõujoontest. (Vt lk 54 ja 55.)

2. Sulgege silmad ja keskenduge *meáulla oblongatale* (kaela tagaosas), kui teid pole teisiti juhendatud. Hoidke selg sirge, rind kõrgel ja kõht sees. Hingake kolm korda sügavalt sisse ja välja.

3. Lõdvestuge ja püsige liikumatult. Heitke peast

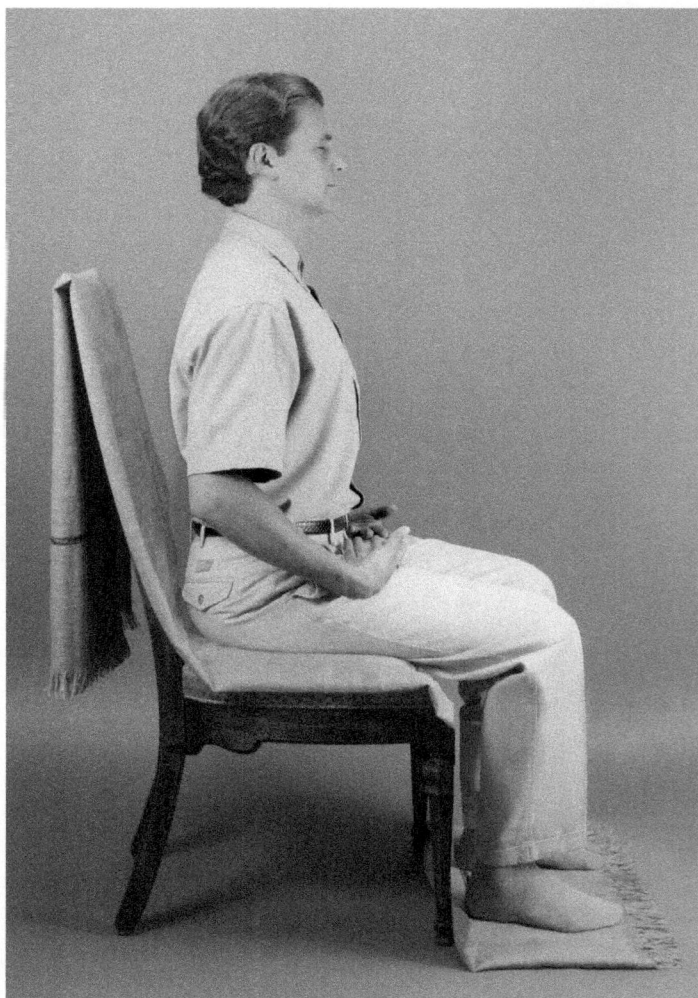

Meditatsiooniasend istudes toolil

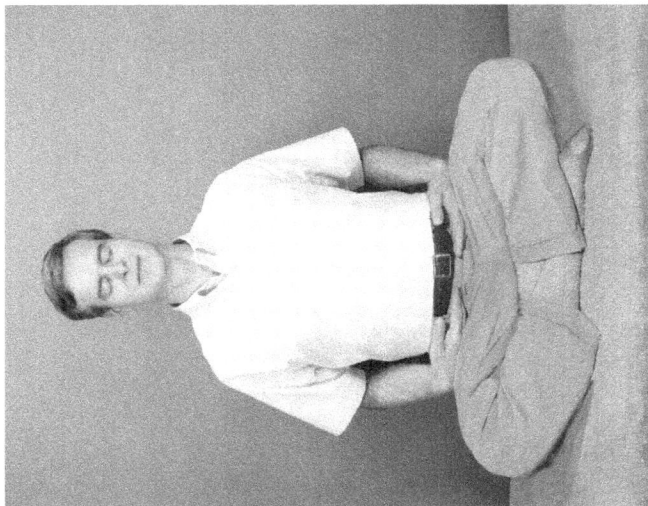

Meditatsiooniasendid: lootose asend (*vasak*) ja lihtne ristatud jalgadega asend

kõik ärevad mõtted ning püüdke oma tähelepanu kehalistelt aistingutelt, kuumalt ja külmalt, helidelt ja muult selliselt kõrvale juhtida.

4. Ärge mõelge mingist kindlast vajalikust tervendusest.

5. Peletage eemale ärevus, usaldamatus ja muretsemine. Mõistke rahulikult ja usaldavalt, et Jumalik Seadus töötab ja on kõikvõimas. Ärge lubage endale vähimatki kahtluse või uskumatuse kübet. Usk ja keskendumine lubavad seadusel takistamatult töötada. Mõelge, et kõik kehalised seisundid on muudetavad ja ravitavad ning et idee kroonilisest haigusest on eksikujutlus.

Aeg: Inimene peaks afirmatsioone kasutama hommikul kohe peale ärkamist või hilja õhtul enne magamaheitmist uneeelses seisundis. Grupid võivad kohtuda igal sobival ajal.

Koht: Kui vähegi võimalik, siis valige vaikne ümbruskond. Kui kohtumist tuleb läbi viia kärarikkas paigas, siis ignoreerige helisid ja teostage oma praktikat pühendumusega.

Meetod: Alati kui hakkate jaatusi lausuma,

vabastage eelnevalt oma mõistus muredest ja rahutusest. Valige välja oma afirmatsioon – jaatus ning korrake seda tervikuna, esiteks valjusti, siis vaiksemalt ja aeglasemalt, kuni teie hääl muutub sosinaks. Siis korrake jaatust jätkuvalt oma mõttes – liigutamata keelt ja huuli, kuni tunnete, et olete saavutanud sügava ja katkematu teadvustatud keskendumise.

Kui te jätkate oma mõtetes jaatuse lausumist ja kordate seda üha tugevamini, siis tajute te suureneva rõõmu ja rahu tunnet. Ülimas keskendumise seisundis sulandub teie afirmatsioon alateadvuse vooluga, naastes veelgi tugevamana, et mõjutada teie tavamõistust harjumuse seaduse vahendusel.

Rahu kasvades liigub teie jaatus üliteadvuse tasandile, pöördub hiljem piiramatu väega tagasi ning mõjutab teie teadlikku mõistust ning täidab soove. Ärge kahelge ja te olete tunnistajaks teadusliku usu imele.

Enda ja teiste kehaliste ja mentaalsete haiguste ravimiseks sooritatavate ühisafirmatsioonide ajal peab grupp kandma hoolt, et jaatused oleks öeldud ühesugusel toonil, ühesuguse mentaalse jõu, keskendumise, usu ja rahuga.

Rahutu mõistusega inimesed vähendavad jaatustest sündinud ühist väge ja võivad selle väe voolu tema üliteadvuslikust sihist isegi kõrvalteele juhtida. Seepärast on hea, kui kõik püsivad liikumatuna ega muutu mentaalselt rahutuks. Eduks on vajalik kõigi grupiliikmete keskendumine.

Ühistes afirmatsioonides peaks grupijuht lugema jaatusi rütmiliselt. Seejärel peaks kuulajaskond kordama samu sõnu sama rütmi ja hääldusega.

Hinge inspireerivad jaatused

Selles raamatus toodud jaatuste seemned on hingeinspiratsioonist läbi imbunud. Need tuleb külvata üliteadvuse rahu mulda ja kasta seemnete idanemiseks vajaliku sisemise võnkumise tekitamiseks usu ja keskendumisega.

Jaatuste seemnete külvi ja viljumise vahel toimub palju protsesse. Soovitud tulemuste saavutamiseks tuleb täita kõik kasvamise tingimused. Afirmatsiooni seeme peab olema elav — vaba kahtlusest, ärevusest või ebamäärasusest — see tuleb külvata mõistusse ja südamesse keskendumise ja rahuga ning kasta põhjalikult värske kordamise ja piiramatu usuga.

Vältige alati mehaanilist kordamist. Selle mõtte võite leida Piibli ettekirjutuses: „Sa ei tohi Issanda, oma Jumala nime asjata suhu võtta!"[1] Korrake jaatuseid kindlalt, jõuliselt ja siirusega, kuni olete saavutanud sellise väe, et piisab ühest sisemusest kerkivast innustavast käsust, et muuta teie keharakke ja te panete hinge sooritama imesid.

SKANDEERIMISE TASANDID

Pidage jälle meeles, et jaatusi tuleb lausuda tähelepanu ja pühendumusega seni kuni hääl vaibub sosinaks ning hääldada sõnu õigesti ja selgelt. Niiviisi juhitakse jaatuste tõhususest ja tõelisusest kujunev veendumus kuulmismeelest teadvusesse, sealt edasi alateadvuslikku ehk automaatsesse teadvusse ja siis üliteadvusse. Need isikud, kes usuvad, saavad nende jaatuste abil terveks.

Viis skandeerimise tasandit on: teadlik valjusti skandeerimine, sosinal skandeerimine, mentaalne ehk

1 Teine Moosese raamat 20:7

mõtteis skandeerimine, alateadvuse kaudu (alateadlik) skandeerimine ja üliteadvuse kaudu (üliteadlik) skandeerimine.

KOSMILINE HELI *AUM* EHK AAMEN

Alateadvuslik skandeerimine muutub katkematuks ja automaatseks. Üliteadvuslikuks muutub lausumine siis, kui sügavad seesmised skandeerimise võnked muundatakse teostumiseks ja need kinnituvad argiteadvuses ning ala- ja üliteadvuses. Üliteadvuslik skandeerimine on see, kus katkematu tähelepanu püsib mitte kujuteldaval helil, vaid tõelisel Kosmilisel Võnkel (OM või Aamen).

Kui te lähete ühelt rütmilise kordamise tasandilt teisele, peaks ka mõistuse seisund muutuma sügavamaks ja keskendunumaks. Eesmärk on ühendada üheks tervikuks skandeerija, skandeeritav lause ja skandeerimise protsess. Mõistus peaks avarduma sügavas teadlikkuses – tegu pole eemaloleku, hajameelsuse või unisusega – sellise keskendumise ajal koonduvad ja ühinevad kõik mõtted üheks keskseks mõtteks, mis nagu magnet enda külge rauapuru tõmbab.

Kolm psühholoogilist keskust

Tahet väljendavate jaatuste kestel peaks teie tähelepanu olema keskendunud kulmudevahelisel punktil, mõtteafirmatsioonide puhul aga *medulla oblongatal*[2] ning pühendumuslike jaatuste ajal südamel. Kindlas situatsioonis kinnitab inimene automaatselt oma mõistuse ühele neist füsioloogilistest piirkondadest – näiteks välistab ta emotsionaalses seisundis kõik teised kehaosad ja tunnetab põhiliselt oma südame keskust. Afirmatsioonide praktiseerimise tulemusena omandab inimene võime juhtida oma tähelepanu teadlikult eluliste tahte, mõtte ja tunde allikateni.

Absoluutne ja kahtlustest vaba usk Jumalasse on hetkelise tervenemise parimaks meetodiks. Katkematu pingutus sellise usu esilekutsumiseks on inimese kõrgeim ja tasuvaim kohustus.

---

2 *Medulla* ja kulmude vahel olev punkt on tegelikult aruka elujõu ühe keskuse positiivne ja negatiivne poolus. Paramahansa juhendas vahel pühendunuid keskenduma kulmudevahelisele punktile ja teinekord *medullale*, kuid need kaks on polaarsuse väljendused. Kui silmavaade on rahuliku keskendumisega suunatud kulmudevahelisse punkti, siis liigub silmadest väljuv vool esmalt otsaees asuvasse punkti ja seejärel *medullasse*. Siis ilmub otsaette *medulla* peegeldusena astraalne silm.

6

TEADUSLIKUD TERVENDAMISE JAATUSED

～

Selles raamatus toodud jaatuste kasutamisel võib üksik pühendunu või grupi juht lugeda katkematult ette terve afirmatsiooni või teha pausi ja korrata rida, mida ta ise korrata soovib.

ÜLDISE TERVENDAMISE JAATUSED

Iga tunde, mõtte ja
tahte altaril
Sa istud
jah, Sina istud.

Sa oled kõik tunded, tahe ja mõtted.

Sa juhid neid.

Lase neil järgneda, lase neil järgneda,

lase neil olla nagu Sina oled.

Teadvuse templis oli valgus – Sinu valgus.

Ma ei näinud seda, nüüd näen.

Tempel on valgus, tempel on tervik.

Ma magasin ja nägin unes, et tempel on katki

hirmust, muretsemisest, ignorantsusest.

Ma magasin ja nägin unes, et tempel on katki

hirmust, muretsemisest, ignorantsusest.

Sa oled mind üles äratanud,

Sa oled mind üles äratanud.

Tempel on terve,

Sinu tempel on terve.

Ma tahan Sind austusega kummardada

Ma tahan Sind austusega kummardada

oma südames, tähe peal.

Keharakus armastan ma Sind,

elektronis mängin ma Sinuga.

Ma tahan Sind austavalt teenida,

kehas, tähtedel, tähetolmus, planetaarses udus.

Sa oled kõikjal, kõikjal.

Ma kummardan Su ette austuses.

Sinu taevane tahe

nagu ka minu maine tahe

särab, särab

minus, minus, minus, minus.

Ma tahan soovida, ma tahan tahta,

ma töötan, ma liigun edasi

mitte egost juhituna, vaid Sinust juhituna,

vaid Sinust juhituna, vaid Sinust.

Ma töötan, väljendades oma tahet.

Kuid lae mu tahe Enda tahtega, Sinu tahtega.

Tee meid väikesteks lasteks, oo Isa,

nagu Su kuningriigis neid juba on.

Sinu armastus meis on täiuslikkus.

Nagu Sinagi oled tervik, oleme ka meie tervik.

Kehas, mõistuses, oleme me terved,

nagu Sina oled, nii nagu Sina oled.

Sa oled täiuslik.

Meie oleme Sinu lapsed.

Sina oled kõikjal.

Kus iganes Sa oled, seal on ka täiuslikkus.
Sa istud igas altari rakus,
Sa oled kõigis mu keharakkudes,
nad on terved, nad on täiuslikud.
Nad on terviklikud, nad on täiuslikud.
Pane mind tundma seal Oma kohalolu,
neis kõigis, neis kõigis.
Pane mind tundma, et Sina oled seal,
igaühes ja kõigis, igaühes ja kõigis.

Mu elupäevade Elu, Sina oled tervik.
Sa oled kõikjal,
minu südames, mu ajus,
mu silmades, mu näos,
mu liikmetes ja kõiges.

Sina liigutad mu jalgu.
Nad on tervik, nad on terved.
Mu sääred ja reied
on tervik, on terved, sest Sina oled seal.
Sina hoiad mu reisi üleval,
Et ma ei kukuks, et ma ei kukuks.
Nad on tervik, sest Sina oled seal.
Nad on terved, sest Sina oled seal.

Sa oled mu kurgus,

limaskestades, alakõhus

Sina oled need loonud.

Nad on tervik, sest Sina oled seal.

Sa sädeled mu selgroos,

See on tervik, see on terve.

Sa voolad mu närvides.

Need on terved, need on tervik.

Mu veenides ja arterites

Sa voolad, Sa voolad.

Need on terved, need on tervik.

Sa oled tuli minu maos,

Sa oled tuli minu soolestikus,

need on terved, need on tervik.

Nii nagu Sina oled minu oma

Nii olen ka mina Sinu oma.

Sina oled täiuslik.

Sina oled mina, Sina oled mina.

Sina oled mu aju.

Ta särab, ta on tervik,

Ta on terve, ta on tervik, ta on tervik.

Lase mu fantaasial vabalt lennata,

Lase mu fantaasial vabalt lennata.

Ma olen haige, kui nii ma mõtlen,

ma olen terve, kui nii ma mõtlen.

Iga tund, iga päev

kehas, mõistuses, igal moel

ma olen tervik, ma olen terve.

ma olen tervik, ma olen terve.

Nägin unes, et olin haige.

Ärkasin ja naersin leides end

ikka veel pisaraist märjana.

Kuid rõõmu, mitte kurbuse pisaraist.

Avastasin, et olin näinud und haigusest.

Sest ma olen terve, ma olen tervik.

Lase mul tunda Oma armastavat hingust.

Sina oled mu Isa,

mina Sinu laps.

Hea või ulakas,

ma olen Sinu laps.

Lase mul tunda Sinu tervislikku hingust,

Lase mul tunda Oma tarkuse tahet.

Lase mul tunda Oma tarkuse tahet.

LÜHIKESED JAATUSED

Täiuslik Isa, Sinu valgus voolab läbi Kristuse, läbi kõigi religioonide pühakute, läbi India meistrite ja läbi minu. See Jumalik valgus asub kõigis mu kehaosades. Ma olen terve.

Oo, Teadlik Kosmiline Energia – Sinu elu on minu elu. Sa muudad ja vaimsustad kõik tahked, vedelad ja gaasilised toidud energiaks, et alal hoida mu keha.

Sinu eluandev energia uuendab ja tugevdab mind.

Vaimu tervendav vägi voolab läbi kõigi mu keharakkude.

Ma olen tehtud ühestainsast universaalsest Jumal-ainest.

Isa – Sina oled minus. Ma olen terve!

Sinu vägi liigub läbi minu. Mu kõhuga on kõik korras, sest seal on Sinu tervendav valgus.

Ma saan aru, et mu haigus oli tervise seadustele vastuhakkamise tulemus. Teen halva heaks õige toitumise, harjutuste ja õige mõtlemise abil.

Taevane Isa, Sa oled igas aatomis, igas rakus, igas kehaosas, igas närviosakeses, ajus ja koes. Ma olen terve, sest Sina oled igas mu kehaosas.

Jumala täiuslik tervis tungib igasse haiguse urkasse. Igas mu keharakus särab Tema tervendav valgus. Need on üleni terved, sest Tema täiuslikkus on nendega.

MÕTTE VÄE JAATUSED

Suunake oma mõte lauba keskele ja korrake:

Ma mõtlen oma elu voolama,

Ma panen oma elu voolama.

Voolama, alates pealaest kuni taldadeni.

Valgusesööstud tulistavad

läbi mu kudede algaine.

Eluvool mu lülisambas

tormab läbi selgroo vahuse lainena.

Kõik väikesed rakud joovad,

nende tillukesed suud säravad.

Kõik väikesed rakud joovad,

nende tillukesed suud säravad.

LÜHIKESED JAATUSED

Taevane Isa, Sa oled igavesti minu. Kõiges, mis on head, ma kummardan austuses ja teenin Sinu kohal-olekut. Läbi kõigi puhaste mõtteakende vaatan ma Su headust.

Oo Isa, Sinu piiramatu ja kõike-tervendav vägi kuulub mulle. Ilmuta oma valgust mu ignorantsuse pimeduses. Kus iganes on see tervendav valgus, seal on ka täiuslikkus. Seetõttu on ka täiuslikkus minus.

Taevane Isa, Sina oled kõik tunded, tahe ja mõt-ted. Juhi Sina mu tundeid, tahet ja mõtteid – lase neil järgneda, lase neil olla nii nagu Sina oled.

Minu täiuslikkuse unistused on sillad, mis kanna-vad mind puhta idee valdustesse.

Otsin iga päevaga üha enam ja enam õnne iseenda mõistmisest ja aina vähem ja vähem materiaalsetest naudingutest.

Jumal on mu rahutute mõtete karjane. Ta juhib need Oma rahu asupaika.

Puhastan oma mõistust mõttega, et Jumal juhib iga mu tegevust.

ÕIGE ARUTLUSVÕIME KUJUNDAMINE

Järgige õige arutlusvõime ja mõttetegevuse stimuleerimiseks alltoodud soovitusi.

1. Lugege häid raamatuid ja seedige ettevaatlikult nende sõnumit.

2. Kui te loete ühe tunni, siis kirjutage kaks tundi ja mõtisklege loetu üle kolm tundi. Selline on suhe, mis tuleb kasuks õige arutlusvõime viljelemisel.

3. Täitke oma mõistus inspireerivate ideedega. Ärge raisake aega negatiivsele mõtlemisele.

4. Võtke omaks parim eluplaan, mida te juurdlemise abil suudate väljendada.

5. Tugevdage oma eristamisvõimet Self-Realization Fellowshipi õpetustes toodud põhimõtete toel.

6. Kasutage selles raamatus toodud jaatusi taiplikkuse arendamiseks ja tehke seda kogu hingejõuga. Muistsed ja kaasaegsed psühholoogid on osutanud, et inimese

seesmine arukus on võimeline mõõtmatult avarduma.

7. Kuuletuge looduse, ühiskonna ja moraali seadustele. Uskudes, et neid kontrollib ülim vaimne seadus, tõusete viimaks kõrgemale kõigist väiksematest seadustest ja siis juhib teid juba tervikuna vaimne seadus.

TAHTEJÕUGA JAATUS

Keskendage oma tahe üheaegselt *medulla oblongatal* ja kulmude vahelisel punktil ja korrake järgmist – esmalt valjusti, seejärel järkjärgult vaiksemalt kuni sosistamiseni:

Ma tahan, et elujõud mu keha laeb –

Jumala Tahtega mind laeb –

võnkuva elujõust suriseva tulega,

põletava rõõmsa väega.

Läbi kõigi minu närvide ja lihaste,

mu kudede, jäsemete ja läbi kõige muu.

Veres ja näärmetes,

vaba tahte käsul.

Käsin sul voolata.

Minu käsul.

Käsin sul hiilata.

Minu käsul.

Ma käsin sul hiilata.

TARKUSE JAATUSED

Keskenduge kolju ülaosale ja tunnetage aju piirkonda.

Tarkuse kambrites

Sa liigud ringi.

Sa oled minus olev arukus.

Oo, Sa tormad ringi ja äratad

iga väiksemagi laisa ajuraku

et võtta vastu,

võtta vastu

mõistuse ja meelte poolt antavat head.

Sinu poolt antavat teadmist.

Ma mõtlen, ma arutlen,

ma ei sega Sind.

Kuid juhi Sina mind, kui aru eksib,

Eesmärgini juhi teda õigesti.

Oo, Taevane Isa, Oo, Kosmiline Ema,

Oo, mu Meister, Oo, mu Jumalik Sõber,
Ma tulin üksi, üksi ma ka lähen.
Vaid Sinuga üksi, vaid Sinuga üksi,
vaid Sinuga üksi, vaid Sinuga üksi.
Oo, Sina tegid kodu minu jaoks,
elavatest rakkudest, kodu minu jaoks.
See minu kodu on ka Sinu kodu,
Sinu vägi on selle kodu valmistanud.
Sinu tugevus on selle kodu valmistanud.
Sinu kodu on täiuslik, Sinu kodu on täiuslik.

Ma olen Su laps, Sina oled mu Isa.
Meil mõlemal läheb hästi, meil mõlemal
    läheb hästi.
Samas templis,
selles rakkudest templis,
Sa oled alati kohal,
Minu lähedal tuikaval altaril.

Ma läksin eemale, ma läksin eemale.
Et mängida pimedusega, et mängida vigadega.
Eksinud lapsena ma läksin eemale.
Koju tulin koos pimeduse varjudega,
koju tulin mudase ja porisena.

Sa oled lähedal, ma ei näe.
Sinu kodu on täiuslik, ma ei näe.
Ma olen pime. Sinu valgus on seal.
See on minu viga, et ma ei näe.
Oo, see on minu viga, et ma ei näe.
Pimedusest madalamal
särab Sinu valgus,
särab Sinu valgus.

Kokku jääda valgus ja pimedus
ei saa, ei saa.
Kokku jääda tarkus ja ignorantsus
ei saa, ei saa.
Nõiu eemale, oo, aja eemale see.
Pimedus eemale,
mu pimedus eemale.

Minu keharakud on tehtud valgusest,
minu ihurakud on tehtud Sinust.
Nad on täiuslikud, sest et Sina oled täiuslik.
Nad on terved, sest Sina oled Tervis,
nad on Vaim, sest et Sina oled Vaim,
nad on surematud, sest Sina oled Surematu.

Lühikesed jaatused
_____

Taevane Isa, Sinu kosmiline elu ja mina oleme üks. Sina oled ookean, mina olen laine – me oleme üks.

Ma nõuan oma jumalikku sünniõigust, mõistes intuitiivselt, et kogu tarkus ja vägi on juba mu hinges olemas.

Jumal on mu arutlusvõime taga täna ja edaspidi, ta juhib mind tegema häid tegusid.

Jumal on inimese seesolev Ise ja kogu universumi ainus Elu.

Ma olen üleni igaveses valguses. See täidab minu olemuse iga osakese. Ma elan selles valguses. Jumalik Vaim täidab mind seest ja väljast.

Jumal on mu sees ja minu ümber ning kaitseb mind – seega ajan ma minema hirmu, mis summutab Tema teednäitava valguse.

Täiuslik rahu ja tasakaal kuuluvad mulle täna, mil ma keskendun kogu oma väega, et väljendada jumalikku tahet.

MATERIAALSE EDU SEADUSED

Edu saabub siis, kui te kuuletute jumalikele ja maistele seadustele. Nii materiaalne kui ka vaimne edu on vajalikud.

Materiaalne edu tähendab eluks vajaliku omamist.

Rahategemise ambitsioon peaks sisaldama soovi teisi aidata. Kogu raha tuleb teenida oma kogukonna, oma kodumaa või maailma olukorda parandades. Mitte kunagi ärge püüdke saavutada rahalist edu tegutsedes nende huvide vastu.

Selleks, et saavutada materiaalset edu ja vältida läbikukkumist, tuleb teada alateadvuse, teadvuse ja üliteadvuse seaduseid.

Alateadvusliku edu seadus ütleb, et jaatust tuleb korrata intensiivselt ja osavõtlikult vahetult enne ja pärast und. Ärge kahelge – kui te tahate saavutada mistahes õiglast eesmärki, siis heitke kõrvale mõte läbikukkumisest. Kuna te olete Jumala laps, siis uskuge, et teil on ligipääs kõigile Temale kuuluvatele asjadele.

Ignorantsus ja uskmatus sellesse seadusse on jätnud inimese ilma tema surematust pärandist. Et kasutada jumaliku varasalve ressursse, peate te hävitama eksliku mõtteviisi alateadlikud seemned korrates jaatuseid sihikindlalt ja mõõtmatu usaldusega.

Eduteadvuse seaduseks on arukas planeerimine ja tegutsemine, tundes kogu aeg, et Jumal aitab teid plaanide tegemisel ning pidevas ja pingelises töös.

Üliteadvuslik edu seadus hakkab toimima inimese palvete kaudu, kui ta mõistab Jumala kõikvõimsust.

Ärge peatage oma teadlikke pingutusi ega toetuge ainult iseenda võimetele, vaid küsige kõiges, mida teete, jumalikku abi.

Kui neid alateadvuslikke, teadvuslikke ja üliteadvuslikke meetodeid omavahel kombineerida, on edu kindel. Püüdke uuesti, vaatamata kõigile varasematele ebaõnnestumistele.

MATERIAALSE EDU JAATUSED

Sina oled mu Isa:

edu ja rõõm.

Mina olen Sinu laps:

edu ja rõõm.

Kõik selle Maa jõukus,

kõik universumi rikkused,

kuuluvad Sulle, kuuluvad Sulle.

Ma olen Sinu laps.

Maa ja universumi rikkus

kuulub mulle, kuulub mulle.

See kuulub mulle, kuulub mulle.

Elasin mõtetega vaesusest

ja kujutasin ette, et olen vaene,

seepärast olingi vaene.

Nüüd olen ma kodus. Sinu teadvus

on teinud mind jõukaks, teinud mind rikkaks.

Ma olen edukas, ma olen rikas.

Sina oled mu aare,

ma olen rikas, ma olen rikas.

Sina oled kõik, Sina oled kõik.

Sa oled minu.

Mul on kõik, mul on kõik.

Ma olen jõukas, ma olen rikas.

Mul on kõik, mul on kõik.

Ma oman kõike ja igat asja,

nii nagu Sina, nii nagu Sina.

Ma oman kõike, ma oman kõike.

Sina oled jõukus,

Mul on kõik olemas.

LÜHIKESED JAATUSED

Ma tean, et Jumala vägi on piiramatu ja kuna mina olen tehtud Tema näo järgi – on minulgi tugevust kõigi takistuste ületamiseks.

Mul on Vaimu loov vägi. Mõõtmatu Arukus juhib mind ja lahendab iga probleemi.

Jumal on mu isiklik ammendamatu Jumalik Pank. Ma olen alati rikas, sest mul on ligipääs Kosmilisele Varaaidale.

Ma kõnnin edasi täiuslikus usus, et Kõikjaloleva Hea vägi toob mulle selle, mida ma vajan, siis kui ma seda vajan.

Jumaliku õitsengu päiksepaiste lõõmab nüüd mu piirangute taevas. Ma olen Jumala laps. Kõik, mis Temal on, see on ka minul.

Hinge ignorantsuse peletamine

Vaimne edu toetub teadlikul Kosmilise Mõistuse sagedusele häälestamisel ja rahu säilitamisel ning seda vaatamata elu paratamatustele, nagu näiteks sugulaste surm ja teised kaotused. Kui te olete oma kallitest lahutatud Looduse Seaduse tõttu, siis ei peaks te kurvastama. Selle asemele tänage alandlikult Jumalat, et Ta andis teile eelise hoolitseda ühe Oma lapse eest, sõbruneda temaga ja pidada teda oma hoole all.

Vaimne edu tuleb elu müsteeriumi mõistmisest: vaadates kõigele rõõmsalt ja vapralt ning aru saades, et kõik sündmused on kauni jumaliku plaaniga vastavuses.

Ignorantsuse haiguse puhul on ainsaks raviks teadmised.

Vaimse edu jaatused

Sina oled tarkus,
ja Sina tead
kõigi asjade algust ja lõppu.
Mina olen Sinu laps.

Ma tahan teada
elu tõelist müsteeriumi,
elu tõelist rõõmsat kohustust.

Tõeline tarkus minus näitab
kõiki asju, mida Sina tead,
seda mida Sina tead.

LÜHIKESED JAATUSED

Taevane Isa, mu hääl tehti selleks, et laulaksin Sinu hiilgusest. Mu süda tehti selleks, et vastata vaid Sinu kutsele. Mu hing tehti selleks, et ta oleks kanaliks, mille kaudu Sinu armastus võiks katkematult voolata kõigi januste hingedeni.

Sinu armastuse vägi lööb risti kõik minu kahtluse ja hirmu mõtted, et saaksin tõusta võitjana surma kohale ja lennata Sinu juurde valguse tiibadel.

Ma lõdvestun ja heidan minema kõik mõttekoormad ning luban Jumalal väljendada minu kaudu Oma täiuslikku armastust, rahu ja tarkust.

Minu Taevane Isa on armastus ja mina olen tehtud Tema näo järgi. Ma olen armastuse sfäär, kus säravad ja sädelevad kõik planeedid, tähed, olendid, kogu loomine. Ma olen kogu universumit täitev armastus.

Ma kiirgan armastust ja head tahet teistele, ma avan kanali, mille kaudu tuleb minu juurde Jumala armastus. Jumalik armastus on magnet, mis tõmbab minu juurde kõik hea.

Ma saan täita kõiki oma kohuseid alles siis, kui olen laenanud Jumalalt tegutsemise väe, seega on mu esmaseks sooviks olla Temale meele järele. Minu südame esimene armastus, minu hinge esimene ambitsioon, minu tahte ja arukuse esimene sihtmärk on vaid Jumal.

PSÜHHOLOOGILISE EDU JAATUSED

Ma olen vapper, ma olen tugev.
Edumõtete tuul
puhub minus, puhub minus.
Ma olen rahulik, ma olen rahulik,
ma olen meeldiv, ma olen lahke.

Ma olen armastus ja kaastunne,

ma olen sarmikas ja ligitõmbav.

Ma olen rahul kõigega.

Ma pühin minema kõik pisarad ja hirmud.

Mul pole vaenlasi.

Ma olen kõigi sõber.

Mul pole harjumusi

söömises, mõtlemises, käitumises.

Ma olen vaba, ma olen vaba.

Ma käsutan Sind, oo Tähelepanu.

Tule ja viljele keskendumist

kõiges, mida ma teen, töödes mida ma teen.

Ma suudan teha kõike

kui nii ma mõtlen, kui nii ma mõtlen.

Kirikus või templis, olles palvuses,

tõusid mu uitavad mõtted mu vastu,

ja hoidsid mu mõistust Sinuni jõudmast,

ja hoidsid mu mõistust Sinuni jõudmast.

Õpeta, kuidas omada uuesti, oh omada uuesti,

mateeriale müüdud aju ja mõistust,

et saaksin nad anda Sulle palves ja ekstaasis,

meditatsioonis ja austuses.

Ma kummardan austuses Sind
meditatsioonis ja eraldatuses.
Ma tunnen Sinu energiat
voolamas läbi mu tegevuse.
Sest laiskuses ma kaotan Sinu,
Ma leian Sind vaid tegevuses.

KOMBINEERITUD MEETODID

Kuigi mentaalse ravi meetodite ülimuslikkus materiaalsete ees on vaieldamatu, on neile, kes soovivad
kombineerida mõlemat meetodit, siin raamatus ära
toodud mõningad füüsilised harjutused.

SILMANÄGEMISE PARANDAMINE

Keskenduge suletud silmadega *medulla oblongatal.*
Tundke, kuidas silmade nägemisvägi voolab läbi optilise närvi silma võrkkesta. Peale minutilist võrkkestale
keskendumist avage ja sulgege oma silmi mitu korda.

Pöörake silmamune üles, seejärel alla, siis vasakule ja seejärel paremale. Liigutage neid vasakult paremale ja paremalt vasakule. Kinnitage oma silmavaade kulmude vahel olevale punktile, kujustades eluenergia voolu *medulla oblongatast* silmadesse, muutes need kaheks taskulambiks. See harjutus on kasulik nii füüsiliselt kui mentaalselt.

JAATUS SILMADELE

Ma palun teid,

Oo, sinise kiired.

Liuelge läbi mu optiliste närvide

Ja näidake mulle tõeliselt, näidake mulle tõeliselt.

Tema valgus on seal,

Tema valgus on seal.

Minu silmade kaudu Ta piilub,

Minu silmade kaudu Ta piilub.

Nad on tervik, nad on täiuslikud.

Üks[1] üleval ja kaks allpool:

kolm silma, kolm silma.

1 Vaimne silm kulmude vahel. Vt joonealust lk 64.

Sinu läbi valgus nähtamatult lendab,

Sinu läbi valgus nähtamatult lendab!

Lootossilmad, ärge valage enam pisaraid,

ärge valage pisaraid.

Tormid ei kahjusta teie õielehti enam.

Tulge kiiresti ja liuelge nagu luiged,

Õndsuse kerge südamega vetes,

õrnas rahujärves,

Tarkuse koidiku tunnil.

See Sinu valgus,

särab läbi minu,

Läbi mineviku, oleviku ja tuleviku.

Ma käsin teid,

Mu kaks silma.

Olge üks ja ainus,

olge üks ja ainus.

Nägemaks kõike ja

teadmaks kõike.

Pannes mu keha särama,

pannes mu mõistuse särama,

pannes mu hinge särama.

HARJUTUS KÕHULE

Seistes näoga tooli suunas, kummardage ettepoole ja toetuge kätega istmele. Hingake täielikult välja. Väljahingamise ajal tõmmake alakõht nii selgroo lähedale kui võimalik. Seejärel hingake sisse, pressides alakõhtu välja nii palju kui võimalik. Korrake seda kaksteist korda. Joogid kinnitavad, et see harjutus parandab seedetrakti toimimist (soolestiku peristaltikat ja seedenäärmete tegevust) ja aitab kõrvaldada kõhuhädasid.

HARJUTUS HAMMASTELE

Sulgege silmad ja suruge ülemised ja alumised hambad lõualuu vasakul poolel tugevasti kokku ning laske siis lõdvaks. Seejärel suruge kokku paremal pool asuvad hambad ja laske lõdvaks. Nüüd suruge kokku esimesed hambad. Lõpuks suruge üheaegselt kokku kõik ülemised ja alumised hambad.

Hoidke iga asendit üks-kaks minutit ja keskenduge „kokkusurutud hammaste" tunnetusel. Kujustage eluenergiat, mis elustab hambajuuri ja eemaldab kõik ebakõla seisundid.

SISEMINE EEDEN

Keha on aed, mis sisaldab ahvatlevaid nägemis-, kuulmis-, maitsmis-, nuusutamis- ja puutemeele puid. Jumal ehk inimeses peituv jumalikkus hoiatab nende meeltepuude viljade ülemäärase pruukimise ja eriti kehalise aia keskel asuva suguväe õuna väärkasutamise eest.

Pahelise uudishimu madu ja Eeva ehk kõigis inimolevustes olev emotsionaalne naiselik loomus kiusavad inimesi, kutsudes neid üles Jumala käsule mitte kuuletuma. Niiviisi kaotavad nad enesekontrolli rõõmu ning nad aetakse välja puhtuse ja jumaliku õndsuse Eedenist. Seksuaalne kogemus sünnitab patu ehk häbitunde „viigipuulehe" teadvuse.

Abielus kaasad, kes soovivad lapsi, peaksid suguakti puhul kinnitama oma tähelepanu selle loovale eesmärgile. Vältimaks paljusid kannatusi, ei peaks inimkond otsima sugulist läbikäimist seksi enda pärast.

Seksuaalsuse kontrolli meetodid

Enne öist magamaheitmist hõõruge külma märja rätiga üle kõik keha avaused, samuti käed, jalad, kaenlaalused, naba ja kaela tagaosa ülalpool *medulla oblongatat*. Tehke seda regulaarselt. (Kindlasti on hea end ka jaheda duši all pesta.)

Kehalise erutuse seisundis hingake viisteist korda sügavalt sisse ja välja. Seejärel otsige kiiresti nende seltsi, keda austate ja kes omavad enesekontrolli.

Jaatused puhtuse tarbeks

Läbi tolmuka ja emaka
lood Sa puhtaid lilli.
Läbi mu puhaste vanemate
lõid Sina mu keha.
Nii kui Sina oled
kõigi heade asjade Looja,
nõndasamuti oleme seda ka meie.
Õpeta meid looma
pühaduses, pühitsetuses,

õilsaid ideid või õilsaid lapsi.

Sina oled sootu.

Meie oleme sootud, me oleme sootud.

Sina lõid meid puhtuses.

Õpeta meid looma pühitsetuses
õilsaid mõtteid või õilsaid lapsi.
Valmistatud Sinu kuju järgi.

Alistamaks kiusatusi, peletan ma oma mõtetest pahelisuse. Tõmban oma mõistuse eemale keha piirkonnast, mis tekitab mentaalseid igatsusi ja selle asemel otsin Jumala juuresoleku õndsust.

HALVA HARJUMUSE RAVIMINE

Head harjumused on teie parimad abilised – hoidke nende väge alles pidevalt head tehes.

Halvad harjumused on teie halvimad vaenlased – teie tahte vastaselt suruvad nad teile peale kahjutoova suuna ja käitumise. Nad on teie füüsilise, ühiskondliku, moraalse, mentaalse ja vaimse elu vastased. Näljutage halbu harjumusi, keelduge neile andmast edasiste halbade tegude toitu.

Tõeline vabadus kõigi tegude tegemise puhul seisneb vaba valiku alusel õiges hindamises. Näiteks: sööge seda, mida te teate, et te peaksite sööma, mitte tingimata seda, mida olete harjunud sööma.

Head ja halvad harjumused vajavad mõlemad aega, saavutamaks teie üle tõelist jõudu. Pikalt viljeletud halva harjumuse võib asendada kannatlikult viljeletud heade harjumustega.

Visake halvad harjumused hulgi välja, asendades need heade harjumustega kõigis oma eluvaldkondades. Tugevdage Jumala lapsena oma kõigist sisemistest sundustest vaba olemise teadvust.

VABADUSE JAATUSED

Sina oled seadus,
Sina oled kõrgemal kõigist seadustest,
Sina oled kõrgemal kõigist seadustest,
nii nagu Sina oled,
olen ka mina kõrgemal kõigist seadustest.

Oo, teie heade harjumuste sõdalased

peletage eemale tumedad, tumedad harjumused,
peletage eemale tumedad, tumedad harjumused.
Ma olen vaba, ma olen vaba.
Mul pole harjumusi, mul pole harjumusi.
Ma teen, mis on õige, ma teen, mis on õige,
harjumused mind ei käsi.
Ma olen vaba, ma olen vaba.
Mul pole harjumusi, mul pole harjumusi.

LÜHIKESE D JAATUSED

Taevane Isa, tugevda mu otsusekindlust pahelisi võnkeid ligitõmbavate halbade harjumuste mahajätmisel ja häid võnkeid ligitõmbavate õigete harjumuste kujundamisel.

Jumala igavene elu voolab läbi minu. Ma olen surematu. Minu mõistuse laine taga asub Kosmiline Teadvus.

Jumalik Isa, kuhu Sa mind oled asetanud, sinna pead ka Ise tulema.

Ükski elufilm ei ole üles võetud vaid osatäitja või

stseeniga. Minu osa näitelaval on tähtis, sest ilma minuta oleks kosmiline draama ebatäiuslik.

PALVED JUMALIKULE ISALE

Palveid tuleks kasutada mitte mööduvate teenete kerjamiseks, vaid et võimaldada inimesel nõuda taas oma valdusse jumalik aare, mida ta oma ignorantsuses kadunuks pidas. Järgnevad palved pööravad teie palved Jumala – kõige hea ja kõigis jaatustes peituva väe Allika poole.

Kuna minus asub Sinu täiuslikkuse jagamatu kujutis, siis õpeta mind pühkima minema võhikluse plekid ja vaata, et Sina ja mina oleksime Üks.

Oo Vaim, õpeta mind end tervendama, toitma oma keha Sinu kosmilise energiaga, mõistust keskendumise ja rõõmsa olekuga, hinge meditatsioonist sündinud intuitsiooniga. Ilmutagu Sinu seesolev kuningriik end välispidises.

Taevane Isa, õpeta mind, et peaksin Sind meeles nii vaesuses kui külluses, nii haiguses kui tervises, nii ignorantsuses kui tarkuses. Lase mul avada oma uskmatuse suletud silmad ja näha Sinu hetkega ter-vendavat valgust.

Jumalik Karjane, vabasta minu mõtete ärevuse pad-rikusse eksinud lambukesed ja juhi nad tagasi Oma rahu rüppe.

Armastatud Jumal, lase mul teada, et Sinu nähta-matu ja kõige eest kaitsev mantel on alati mu ümber – nii rõõmus kui kurbuses, elus ja surmas.

AUTORIST

Paramahansa Yogananda (1893-1952) on laialdaselt tuntud meie aja ühe silmapaistvaima vaimse suurkujuna. Olles sündinud Indias, tuli ta 1920. aastal Ühendriikidesse, kus ta õpetas enam kui kolmekümne aasta vältel India iidset meditatsiooniteadust ja tasakaalustatud vaimse elu kunsti. Ta on juhatanud oma kuulsa elulookirjelduse „*Joogi autobiograafia*" ja teistegi raamatute toel miljoneid lugejaid ida ja lääne religioossetes traditsioonides peituvate ajatute tõdedeni.

1920. aastal asutas Paramahansa Yogananda Self-Realization Fellowshipi (Indias tuntud kui *Yogoda Satsanga Society of India*), et muuta kättesaadavaks läände toodud õpetused. Yogananda määratluse kohaselt on ühingu ühiskondlikuks eesmärgiks ja ideaaliks levitada vahetu Jumala-kontakti saavutamise teaduslikke tehnikaid, näidata kõigi religioonide ühiseks alusmüüriks oleva tõe algpõhimõtteid ning edendada selle kaudu maailma erinevate inimeste ja rahvaste seas suuremat harmoonia vaimu.

Praktiliste „eluliste" õpetuste kaudu otsis Paramahansa Yogananda võimalust, mis võiks anda erineva rassi ja usutunnistusega inimestele vahendid enda vabastamiseks füüsilistest, mentaalsetest ja vaimsetest ebakõladest, et teostada ja väljendada oma eludes täielikumalt ilu, õilsuse ja tõelise inimvaimu jumalikkust. Tema ülemaailmne töö jätkub täna ühe tema varase ja lähema õpilase Self-Realization Fellowshipi presidendi Sri Mrinalini Mata juhtimise all.

Paramahansa Yogananda:
JOOGI ELUS JA SURMAS

Paramahanda Yogananda sisenes mahasamaadhisse (joogi lõplik teadlik kehast väljumine) Los Angeleses Californias 7. märtsil 1952, pärast oma kõne lõppu India suursaadik H. E. Binay R. Seni auks korraldatud banketil.

Suur maailmaõpetaja demonstreeris jooga väärtuseid (Jumala-teostuse teaduslikke tehnikaid) mitte ainult elus, vaid ka surmas. Nädalaid peale lahkumist säras tema nägu jumalikus hiilguses muutumatuna ja lagunemise tundemärkideta.

Los Angelese Forest Lawn Memorial-Parki surnukambri (kuhu suure meistri keha ajutiselt asetati) direktor härra Harry T. Rowe saatis *Self-Realization Fellowshipile* notariaalse kirja, kust on võetud järgmised kirjaread:

„Kõikvõimalike nähtavate lagunemise märkide puudumine Paramahansa Yogananda surnukehas kujutab meie jaoks kõige ebatavalisemat juhtumit ... Mingit füüsilist lagunemist polnud tema kehas näha isegi kakskümmend päeva peale surma ... Tema nahal ei olnud näha hallituse märke ja tema keharakkudes ei toimunud kuivamist. Taoline keha täiuslik säilimine on meie surnukambri annaalide kohaselt ainukordne ... Yogananda keha säilitamisel lootis surnukambri personal läbi puusärgi klaasist kaane näha tavalisi kehalise lagunemise tundemärke. Meie hämmastus suurenes, kui päev järgnes päevale, ent mingeid nähtavaid muutusi vaatlusaluses kehas ei toimunud. Yogananda keha oli ilmselt muutumatuse fenomenaalses seisundis ..."

„Mingit lõhna ega lagunemist ei ilmnenud tema kehas ühelgi hetkel ... 27. märtsil, just enne pronksist kaane paigaldamist, oli Yogananda füüsiline väljanägemine täpselt sama, mis ta oli 7. märtsil. Ta nägi 27. märtsil välja sama värske kui oma surmaõhtul. 27. märtsil polnud mingit põhjust öelda, et tema keha oleks üleüldse kannatanud mingi nähtava lagunemise käes. Neil põhjustel kinnitame uuesti, et Paramahansa Yogananda juhtum on meie kogemuste põhjal ainulaadne."

Palved jumalikuks tervendamiseks

„Oo, Isa, ma tahan mõõtmatut õitsengut, tervist ja tarkust mitte maistest allikatest, vaid Sinu kõikeomavatest, kõikvõimsatest ja kõige külluslikematest kätest."

Paramahansa Yogananda

Jumal elab igas loomise aatomis. Kui Ta tõmbaks oma eluandva Kohaloleku kõigest tagasi, haihtuksid maailmad jäljetult eetrisse.

Inimene sõltub täielikult oma Loojast. Just nagu võib Jumala antud seadustele kuuletumisel tõmmata endale ligi tervist, õnne ja edu, pakuvad Self-Realization Fellowshipi ordu mungad ja nunnad igapäevaselt palveid füüsiliste haiguste, mentaalse ebakõla ja vaimse ignorantsuse ravimiseks. Tuhanded on saanud läbi Jumala õnnistuse vaimset abi.

Te võite paluda eestpalveid enda või oma armastatud inimeste jaoks, kirjutades või helistades:

Self-Realization Fellowship
3880 San Rafael Avenue
Los Angeles, CA 90065, U.S.A.
Tel: (323) 225-2471
Fax: (323) 225-5088

PARAMAHANSA YOGANANDA
EESTIKEELSED RAAMATUD

Joogi autobiograafia

Edu seadus

Kuidas kõnelda Jumalaga

Teaduslikud tervendamise jaatused

Metafüüsilised meditatsioonid

Religiooniteadus

Paramahansa Yogananda ütlused

Inimese igavene otsirännak

PARAMAHANSA YOGANANDA
INGLISKEELSED RAAMATUD

Saadaval raamatupoodides või otse kirjastajalt:

Self-Realization Fellowship
3880 San Rafael Avenue • Los Angeles, California 90065-3219
Tel (323) 225-2471 • Fax (323) 225-5088
www.yogananda-srf.org

Autobiography of a Yogi

The Second Coming of Christ:
The Resurrection of the Christ Within You
Ilmutuslik kommentaar Jeesuse algupärasele õpetusele.

God Talks with Arjuna; The Bhagavad Gita
Uus tõlge ja kommentaar

Man's Eternal Quest
I osa Paramahansa Yogananda loengutest ja mitteametlikest
esinemistest

The Divine Romance
II osa Paramahansa Yogananda loengutest, mitteametlikest
esinemistest ja esseedest.

Journey to Self-Realization
III osa Paramahansa Yogananda loengutest ja
mitteametlikest esinemistest.

Wine of the Mystic:
The Rubaiyat of Omar Khayyam — A Spiritual Interpretation
Inspireeritud kommentaar, mis toob valguse kätte
"*Nelikvärsside*" mõistatusliku kujundlikkuse taga peidus
oleva Jumalaga üksolemise müstilise teaduse.

Where There Is Light:
Insight and Inspiration for Meeting Life's Challenges

Whispers from Eternity
Valik Paramahansa Yogananda palveid ja jumalikke
kogemusi ülendatud meditatsiooniseisunditest.

The Science of Religion

The Yoga of the Bhagavad Gita:
An Introduction to India's Universal Science of God-Realization

The Yoga of Jesus:
Understanding the Hidden Teachings of the Gospels

In the Sanctuary of the Soul:
A Guide to Effective Prayer

Inner Peace:
How to Be Calmly Active and Actively Calm

To Be Victorious in Life

Why God Permits Evil and How to Rise Above It

Living Fearlessly:
Bringing Out Your Inner Soul Strength

How You Can Talk With God

Metaphysical Meditations
Enam kui 300 vaimselt ülendavat meditatsiooni,
palvet ning jaatust.

Scientific Healing Affirmations
Paramahansa Yogananda esitab siin jaatuse teaduse
põhjapaneva seletuse.

Sayings of Paramahansa Yogananda
Ütluste ja tarkade nõuannete kogum, mis annab edasi
Paramahansa Yogananda siirad ja armastavad vastused neile,
kes on tulnud tema juurde juhatust saama.

Songs of the Soul
Paramahansa Yogananda müstiline luule

The Law of Success
Selgitab inimese elueesmärkide saavutamiseks vajalikke
dünaamilisi põhimõtteid.

Cosmic Chants
60 pühendumusliku laulu sõnad (inglise keeles) ja
muusika koos sissejuhatusega, mis seletab, kuidas vaimne
skandeerimine võib viia meid üksolemiseni Jumalaga.

PARAMAHANSA YOGANANDA
AUDIOSALVESTISED

Beholding the One in All

The Great Light of God

Songs of My Heart

To Make Heaven on Earth

Removing All Sorrow and Suffering

Follow the Path of Christ, Krishna, and the Masters

Awake in the Cosmic Dream

Be a Smile Millionaire

One Life Versus Reincarnation

In the Glory of the Spirit

Self-Realization: The Inner and the Outer Path

SELF-REALIZATION FELLOWSHIPI
TEISED TRÜKISED

Täielik kataloog, mis kirjeldab kõiki Self-Realization Fellowshipi trükiseid ja audio/video salvestisi, on saadaval nõudmisel.

The Holy Science
autor Svaami Sri Yukteswar

Only Love:
Living the Spiritual Life in a Changing World
autor Sri Daya Mata

Finding the Joy Within You:
Personal Counsel for God-Centered Living
autor Sri Daya Mata

Enter the Quiet Heart:
Creating a Loving Relationship With God
autor Sri Daya Mata

God Alone:
The Life and Letters of a Saint
autor Sri Gnjaanamata

„Mejda":
The Family and the Early Life of Paramahansa Yogananda

autor Sananda Lal Ghosh

Self-Realization
(kvartali ajakiri, mille 1925. aastal asutas Paramahansa
Yogananda).

SELF–REALIZATION FELLOWSHIPI
ÕPPETUNNID

Paramahansa Yogananda õpetatud teaduslikud tehnikad, nende hulgas *Kriija jooga* – ja samuti tema juhised tasakaalustatud vaimsest elamisest on ära toodud Self-Realization Fellowshipi Õppetundides. Lisateabeks kirjutage palun tasuta inglise-, hispaania- ja saksakeelse trükise *"Teostamata unistuste võimalused"* saamiseks.